FRANK BARROIS · NATASCHA HECK

Ganz vorne mit dabei

FRANK BARROIS · NATASCHA HECK

Ganz vorne mit dabei

DER MINI-BEGLEITER

Mit Illustrationen von
ROLF BUNSE

HERDER
FREIBURG · BASEL · WIEN

www.herder.de

Gesamtgestaltung:
Weiß-Freiburg GmbH – Graphik & Buchgestaltung
Illustrationen: Rolf Bunse

Herstellung: fgb · freiburger graphische betriebe
www.fgb.de

Gedruckt auf umweltfreundlichem, chlorfrei gebleichtem Papier
Printed in Germany

ISBN 978-3-451-32190-0

Was findest du in diesem Buch?

Hallo liebe Minis,

wir sind Mimi und Moritz. Wir sind Ministranten – wie ihr. Kennt ihr das, wenn man im Gottesdienst steht und sich überlegt, wieso wir bestimmte Dinge in der Eucharistiefeier tun und was sie bedeuten sollen?

Genau deswegen gibt es dieses Buch. Wir haben uns nämlich überlegt, dass wir Minis mehr über den Gottesdienst erfahren und herausfinden sollten, was es mit den einzelnen Teilen der Messfeier und mit unseren Dienst in der Kirche auf sich hat. Wir Minis haben eine wichtige Aufgabe im Gottesdienst. Davon wollen wir euch erzählen und die Lust in euch wecken, mehr über den Gottesdienst erfahren zu wollen. Es ist richtig spannend, wenn man weiß, was sich dahinter verbirgt.

Zu Beginn erklären wir, warum es überhaupt Gottesdienste gibt. Danach steigen wir in den Ablauf der Feier ein: Am Anfang steht die Eröffnung, dann kommt der Wortgottesdienst, die Eucharistiefeier und zum Schluss, wie der Name ja schon sagt, der Schlussteil.

Zu jedem Abschnitt des Gottesdienstes erzählen wir euch zuerst einmal, was jetzt passiert, was wir gerade feiern und was die einzelnen Elemente, Handlungen, Zeichen und Symbole bedeuten.
Im zweiten Teil eines jeden Kapitels wird erklärt, welche Aufgaben wir Minis haben. Am meisten zu tun haben wir Minis in einer Messfeier. Daher haben wir in diesem Buch alles so beschrieben, wie in den meisten Gemeinden ein Sonntagsgottesdienst gefeiert wird.
Zum Abschluss gibt es einen Teil für „Besserwisser" – also für Minis, die noch genauer wissen wollen, was im Gottesdienst passiert. Hier haben wir Hintergrundwissen und spannende Geschichten aufgeschrieben, die euch zu Experten für den Gottesdienst machen.

Wir Minis sind aber nicht nur am Altar zu finden. Warum wir mehr sind als nur „Messdiener", erzählen wir euch im letzten Teil des Buches. Und ganz am Schluss findet ihr den Ablauf des Gottesdienstes im Überblick.

Bestimmt wollt ihr nicht nur wissen, wie man richtig ministriert, sondern auch, was unser Dienst bedeutet. In den blau gedruckten Abschnitten mit dem Ausrufezeichen findet ihr etwas zum nachdenken: Was hat das, was wir im Gottesdienst feiern, mit mir zu tun?

Im Gottesdienst werden viele Worte aus alten, fremden Sprachen verwendet. Wenn wir wissen, was diese Wörter ursprünglich bedeutet haben, können wir diese Dinge viel besser verstehen. Deshalb gibt es im Text ein Sternchen * das euch zu den Erklärungen führt, die am Rand des Buches stehen.

Wir beide – Mimi und Moritz – werden euch durch das ganze Buch begleiten. Ihr könnt das Buch von vorne nach hinten lesen oder etwas nachschlagen, wenn euch eine Stelle im Gottesdienst besonders interessiert. Damit sich niemand im Buch verirrt, könnt ihr am unteren Rand auf jeder Seite sehen, in welchem Kapitel ihr gerade seid. Das Inhaltsverzeichnis auf der nächsten Seite ist schon mal ein erster Wegweiser für die Reise durch den Gottesdienst.

Wir wünschen euch viel Spaß mit diesem Mini-Begleiter und hoffen, dass ihr beim Lesen viele Dinge findet, die euch neugierig machen auf das, was im Gottesdienst alles drin steckt. Denn als Mini seid ihr ganz vorne mit dabei!

Mimi und Moritz

Ein Überblick über den Mini-Begleiter

Warum gibt es überhaupt Gottesdienste?

Wir Menschen brauchen Freunde

Wieso treffen wir uns eigentlich so gern mit Freunden? Mit Freunden können wir über Dinge reden, die uns wichtig sind, wir können so sein, wie wir wirklich sind, und müssen uns nicht verstellen. Freunden können wir vertrauen und ihnen offen sagen, was uns beschäftigt. Ein Treffen mit Freunden macht Spaß und vergeht wie im Flug. Für uns Menschen ist es wichtig, Freunde zu haben. Wir brauchen Gemeinschaft und den Kontakt zu Menschen, zu denen wir immer kommen können mit allem, was uns bewegt.

Wir Christen haben Gott zum Freund. Wir glauben daran, dass Gott uns am Leben hält, dass Jesus Christus mit uns Menschen gelebt hat und dass Gottes Geist unter uns ist. Auch mit Gott treffen wir uns in unserem Leben. Besonders im Gottesdienst nehmen wir uns Zeit für ihn und feiern ein Fest. Gemeinsam mit anderen Menschen feiern wir, dass wir spüren dürfen, dass Gott in unserem Leben immer bei uns ist.

Was möchtest du Jesus erzählen, wenn du im Gottesdienst bist? Was ist dir wichtig an der Freundschaft mit Gott? Alles, was dir in deinem Leben wichtig ist, darfst du in den Gottesdienst mitbringen und mit Gott „besprechen". Dazu gibt es im Gottesdienst viel Gelegenheit zum Nachdenken und Zuhören. Zuhören kann man nicht nur dem, was im Gottesdienst gesagt und gebetet wird. Wir können auch „in uns hineinhören", wenn wir uns die Zeit nehmen, aufmerksam auf unsere Gedanken zu achten: auf das, was uns gerade beschäftigt, was uns freut oder was uns Sorgen macht. Aufmerksam auf das hören, was in uns vorgeht und was Gott uns in den Texten der Bibel und in der Feier des Gottesdiensts zu sagen hat, das nennen wir „beten".

Wer hat den Gottesdienst erfunden?

Gottesdienste gibt es, seit Menschen über sich und die Welt nachdenken, also fast seit „immer". Auch zur Zeit Jesu und lange davor gab es schon Gottesdienste: Die Juden feierten im Tempel in Jerusalem, und auch in den Synagogen in ganz Israel wurden Gottesdienste gehalten, in denen die Schrift – das Alte Testament – im Mittelpunkt stand.
Schon bald nach dem Tod Jesu trafen sich die Jünger und dachten an das, was sie mit Jesus erlebt haben und was er ihnen erzählt hat. Die ersten Christen feierten zusammen mit allen, die glaubten, dass Jesus von den Toten auferstanden war.

Was die Christen damals vor fast 2000 Jahren gefeiert haben, ist für uns noch heute wichtig. Auch in unseren Gottesdiensten denken wir an das Wirken Jesu, seine Auferstehung und dass er unser Leben verändert hat. In unserem Gottesdienst ist vieles noch so ähnlich wie vor Hunderten von Jahren, manche Dinge haben sich aber auch verändert, damit wir besser verstehen können, was damit gemeint ist.

Nicht alles, was im Gottesdienst vorkommt, verstehen wir gleich. Wenn etwas über Jahrhunderte gewachsen ist, reicht eine Stunde nicht aus, alles genau zu verstehen. Wenn du einen großen, sehr alten Baum betrachtest, kannst du auch nicht jedes einzelne Blatt und jeden Zweig erkennen und im Blick behalten. Vielleicht kannst du auf den Baum steigen und siehst dann alles, was um dich herum ist, besser. So ähnlich ist das im Gottesdienst: Je nachdem, was uns im Leben gerade beschäftigt und „wo wir gerade stehen", achten wir auf verschiedene Sätze oder Handlungen während der Feier. Dabei hilft es uns, dass viele Handlungen und Zeichen des Gottesdienstes ganz regelmäßig gefeiert werden, manchmal hilft es uns aber auch, etwas ganz besonders zu gestalten. Wir können Gottesdienste deshalb mal still und andächtig, mal fröhlich und ausgelassen feiern; wir feiern im Ferienlager in einer kleinen Gruppe oder zusammen mit dem Bischof bei großen Festgottesdiensten, wir singen alte Lieder in lateinischer Sprache oder moderne Lieder mit einer Band. Was kennst du für Gottesdienstformen, und welche gefallen dir am besten?

Wer war eigentlich der erste Mini?

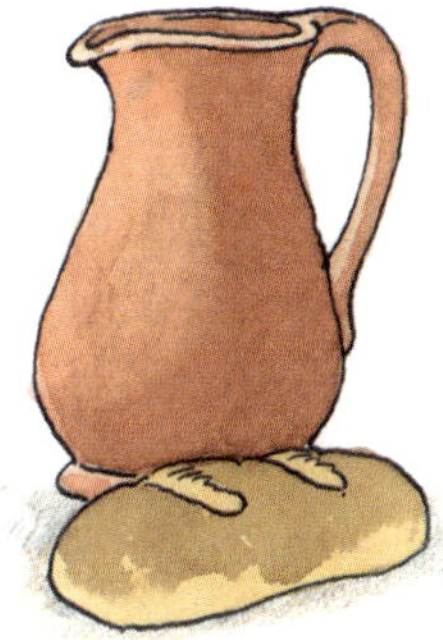

Am Anfang, also in den ersten Jahrhunderten, feierte die Gemeinde ein Fest, bei dem gemeinsam gegessen und getrunken wurde. Sie erinnerten sich dabei an das letzte Abendmahl, das Jesus mit seinen Freunden gefeiert hat.
Schon bei diesen ersten Christen gab es auch die ersten „Minis“: Aus dem 3. Jahrhundert wissen wir von Menschen, die verschiedene Dienste im Gottesdienst übernahmen, zum Beispiel dem Bischof bei der Mahlfeier zu helfen und die Gaben – Brot und Wein – herzurichten.

Für die Menschen im Mittelalter* war der Gottesdienst etwas ganz besonders Heiliges. Was in der Eucharistiefeier passierte, wurde als etwas so Besonderes angesehen, dass man sogar eine Trennung im Kirchenraum einführte: Zwischen den Sitzplätzen der Gemeinde und dem Altarraum, den nur „Auserwählte“ betreten durften, baute man eine Wand. Im Mittelalter wollte man damit sagen: Gott ist so groß, dass wir als ganz normale Menschen uns gar nicht trauen können, uns vor ihn zu stellen. Also schickte man „Stellvertreter“: den Priester und die Minis, die im Altarraum den Gottesdienst für die Gemeinde feierten. Wenn du in einer alten Kirche ministrierst,

*Das Mittelalter begann etwa 500 Jahre nach Christi Geburt und dauerte ungefähr bis 1500.

findest du vielleicht noch Spuren von dieser Trennung in der Kirche.

Minis waren Experten für den Gottesdienst, denn im Gegensatz zur Gemeinde konnten sie die lateinischen Gebete sprechen. Immer mehr trugen die Minis zur Feierlichkeit des Gottesdienstes bei, wie die Pagen und Diener bei einer Zeremonie am Königshof. Auch heute müssen wir Minis uns gut im Gottesdienst auskennen. Wir sind dafür verantwortlich, dass der Ablauf des Gottesdienstes reibungslos funktioniert. Wenn wir mitdenken und aktiv mitfeiern, helfen wir auch der Gemeinde: Wenn wir uns hinsetzen, setzt sich auch die Gemeinde hin, wenn wir aufstehen, steht auch die Gemeinde auf. Wir Minis gestalten den Gottesdienst mit, darum müssen wir auch immer ganz bei der Sache sein.

Und wie ist das heute mit dem Gottesdienst?

Von 1962 bis 1965 trafen sich alle Bischöfe der Welt zum Zweiten Vatikanischen Konzil*. Dort dachten sie unter anderem darüber nach, wie wir heute Gottesdienst feiern können, damit die Freundschaft Gottes zu den Menschen in unserer Zeit richtig zum Ausdruck kommt. Seitdem feiern wir den

*lateinisch: concilium = Zusammenkunft. Unter Konzil versteht man eine Versammlung: Es treffen sich alle Bischöfe, um gemeinsam über Themen zu reden, die auf der ganzen Welt wichtig sind.

Gottesdienst nicht mehr in Latein, sondern in der Landessprache, die die Gemeinde vor Ort versteht. Dadurch können alle ganz aktiv dabei sein und erfahren: Hier bin auch ich wichtig.
Heute ist uns vor allem wichtig, dass Gottesdienst eine Feier der ganzen Gemeinde ist und nicht nur von „Spezialisten" im Altarraum. Wir Minis übernehmen Aufgaben im Dienst der Gemeinde bei der Feier, indem wir in ihrem Auftrag den Priester zum Beispiel bei der Gabenbereitung unterstützen. Wir tragen dazu bei, dass der Gottesdienst feierlich wird: etwa beim Einzug mit Fahnen und Leuchtern. Außerdem helfen wir mit, dass alle aktiv teilnehmen können, zum Beispiel wenn wir kräftig mitsingen und mitbeten.

Wenn wir ein wichtiges Fest feiern, wollen wir die Menschen um uns haben, die uns wichtig sind. Wir feiern ein Fest unter Freunden. Auch im Gottesdienst sind viele Menschen, die wir kennen und mögen. Das soll auch so sein, da die Feier der Eucharistie immer wieder ein wichtiges Fest in unserem Leben sein soll. Wir feiern mit Menschen, die uns vertraut sind und die wie wir an Jesus Christus glauben.

Gemeinschaft ist die Übersetzung des lateinischen Wortes „communio", Kommunion. Wenn wir also Kommunion feiern, dann feiern wir Gemeinschaft – mit anderen Menschen und mit Gott. Von der „communio" als Gemeinschaft aller, die glauben, spricht man aber auch, wenn man alle Christen auf der ganzen Welt meint. Zwar können wir nie im Leben alle Christen kennen lernen, aber wir haben eines gemeinsam: uns verbindet über alle Grenzen hinweg das, woran wir als Christen glauben.

*Jesus selbst hat seinen Jüngern gesagt, wie das neue Königreich Gottes aussieht. Lies doch einmal in der Bibel nach, was Jesus gesagt hat und wie er uns hilft, dass wir in Frieden mit allen Menschen zusammenleben können (das findest du zum Beispiel im Matthäusevangelium in Kapitel 5 ab Vers 43).

Eine neue Zeit hat begonnen

Wir Christen glauben, dass mit dem Leben Jesu auf der Erde das Reich Gottes schon begonnen hat. Für uns Christen ist eine neue Zeit angebrochen. Das merkt man auch daran, dass wir heute die Jahre meistens „nach Christus", also nach der Geburt von Jesus, zählen.

Wir glauben, dass Gott eine neue Zeit, ein neues Königreich* begonnen hat, in dem wir leben dürfen.
Jesus, Gottes Sohn, war mitten unter uns, und damit hat das Reich Gottes schon begonnen, aber es ist noch nicht vollendet, es ist noch nicht ganz da. Deshalb haben wir

Menschen den Auftrag, die Frohe Botschaft in alle Welt zu tragen. Wir tragen Sorge dafür, dass alle Menschen in Frieden zusammenleben können und dass niemand mehr Angst haben und leiden muss. Das ist eine große Aufgabe, bei der uns Gott immer wieder hilft.

Gottesdienst ist eine Quelle für unser Leben

Weil wir eine so wichtige Aufgabe in der Welt haben, treffen wir uns regelmäßig mit den Menschen, die gemeinsam mit uns in Gottes Namen Gutes tun. Im Gottesdienst hören wir von Jesus Christus und von der Freundschaft Gottes zu uns Menschen. Gottesdienst ist für uns ein Höhepunkt und gleichzeitig auch ein Antrieb, Gott in unserem Leben nicht zu vergessen. Indem wir unseren Glauben mit anderen feiern, werden wir gestärkt und tanken Kraft für unseren Alltag.

Worauf freust du dich im Alltag, und was gibt deinem Leben neuen Schwung? Du triffst dich vielleicht mit Freunden, und ihr unternehmt Dinge, die eure Freundschaft ausmachen. Sich mit anderen Menschen zu treffen, ist für uns alle ganz wichtig, denn niemand kann auf Dauer alleine leben. Was wir mit unseren Freunden gemeinsam erleben, ist wie eine Kraftquelle für unseren Alltag.

Und warum gibt es eigentlich Gottesdienste?

Gottesdienste gibt es nicht, weil Gott den Menschen gesagt hat: Ihr müsst sonntags in die Kirche gehen. Gottesdienste gibt es, weil wir in der Kirche die Möglichkeit haben, über Gott und die Welt nachzudenken, weil wir im Gottesdienst spüren können, dass Gott unser Freund ist, und weil wir mit anderen zusammen feiern, dass wir als Gemeinschaft unterwegs sind zu Gott. Im Gottesdienst ist Gott uns besonders nahe: In seinem Wort, wenn wir etwas aus der Bibel hören, in Brot und Wein, wenn wir den Tod und die Auferstehung Jesu feiern, und in unserer Gemeinschaft, denn Jesus hat selbst gesagt: „Wo zwei oder drei in meinem Namen versammelt sind, da bin ich mitten unter ihnen.“*

*Diesen Satz findest du im Matthäusevangelium, Kapitel 18 im Vers 20.

Warst du schon einmal auf einer langen Wanderung, vielleicht am Wandertag mit der Schulklasse oder im Ferienlager? Dann hast du bestimmt auch schon einmal eine Rast eingelegt. Du hast etwas gegessen und getrunken und dich vom anstrengenden Weg ausgeruht. Während der Pause konntet ihr nachschauen, ob noch die ganze Wandergruppe beisammen ist, ob es allen gut geht und ob es etwas zu besprechen gibt. Bevor es weiterging, hast du bestimmt auf die Wanderkarte geschaut oder die Wegweiser gelesen, um zu sehen, ob ihr noch auf dem richtigen Weg seid. Bevor die Pause vorbei war, gab es vielleicht ein aufmunterndes Wort: „Weiter geht's! Das Ziel ist nicht mehr weit!"
So ist es auch im Gottesdienst: Wir unterbrechen unseren Alltag, wir erzählen Gott, was uns beschäftigt. Wir hören auf sein Wort und stärken uns. Der Gottesdienst ist für uns Menschen da.

Jesus ist für uns gestorben und auferstanden. Wenn wir Gottesdienst feiern, rufen wir uns die letzten Stunden Jesu mit seinen Freunden ins Gedächtnis. Die Rede vom Tod macht manchen Menschen Angst. Aber wir brauchen gar keine Angst zu haben. Als Christen glau-

ben wir an die Auferstehung und das Leben nach dem Tod. Wir denken an das Letzte Abendmahl, das Jesu mit seinen Jüngern am Tag vor seinem Tod gefeiert hat, und denken aber auch an die Auferstehung, die nach dem Tod folgt. Der Glaube daran, dass Gott uns vom Tod erlöst und von unseren engen Grenzen befreit, gibt uns Kraft und Mut für unser Leben.

Was passiert im Gottesdienst?

*Das griechische Wort für Gottesdienst hast du bestimmt auch schon einmal gehört: Liturgie. Dieses Wort kommt in der Kirche häufig vor. Es gibt liturgische Gewänder, liturgische Farben, liturgische Feiern. Damit ist immer etwas gemeint, das mit dem Gottesdienst zu tun hat.

Das Wort „Gottesdienst“* hat zwei Bedeutungen: Zum einen meinen wir damit den Dienst, den Gott für uns Menschen leistet. Gott ist im Gottesdienst für uns da, wir können ihm alles erzählen. Wir hören Gottes Wort und lernen dadurch, wie unser Leben gut gelingen kann. Wir werden gestärkt durch ein gemeinsames Festmahl. Das ist das Geschenk Gottes für uns.
Zum anderen meinen wir mit „Gottesdienst“ auch den Dienst von uns Menschen an Gott. Wir feiern ein Fest, weil Gott uns wichtig ist und weil wir uns bei ihm bedanken wollen, dass er uns das Leben geschenkt hat und immer bei uns ist.
Wenn man verstehen will, was im Gottesdienst passiert, kann man sich ein Kreuz anschauen. Im Gottesdienst geht es nämlich um die Verbindung von Himmel und Erde.

Damit ist die Beziehung von Gott zu uns Menschen gemeint. Wenn wir beten oder singen, wenden wir uns an Gott. Und Gott kommt den Menschen durch die Frohe Botschaft der Bibel, also durch sein Wort, entgegen. Das ist natürlich bildlich gemeint: Wir Christen glauben, dass Gott durch bestimmte Menschen und durch Jesus, seinen Sohn, zu uns Menschen gesprochen hat und immer noch zu uns spricht, wenn wir in der Bibel lesen. Das ist der Balken, der von oben nach unten geht.

Der andere Balken des Kreuzes ist der, der uns Menschen untereinander verbindet. Richtig feiern können wir nur in der Gemeinschaft, und so spielt immer der Bezug zu den Mitmenschen eine große Rolle. Außerdem denken wir an alle, die nicht mit uns feiern, auch an Arme und andere Menschen, die in Not sind.

Legst du nun die beiden Linien übereinander, also die Linie von Gott zu den Menschen (von oben nach unten) und die Linie von Mensch zu Mensch (also von rechts nach links), so erhältst du ein Kreuz, das Symbol, das alle Christen auf der ganzen Welt als ihr Erkennungszeichen haben.

Denk doch einmal darüber nach, wenn du im Gottesdienst ministrierst: Findest du Elemente, die sich in das Symbol des Kreuzes einordnen lassen? Wann sprechen wir mit Gott? Wann antwortet uns Gott durch sein Wort? Und wann geht es im Gottesdienst um uns als Gemeinschaft?

Die Eröffnung

Das Fest beginnt

Viele Menschen kommen zusammen

Bei jeder Feier gibt es einen gemeinsamen Beginn: Die Gäste werden begrüßt, der Anlass der Feier wird genannt und der Ablauf des Festes vorgestellt. So wie bei einer Feier der Gastgeber durch das Programm führt, „moderiert" der Priester den Gottesdienst und leitet ihn.
Der Eröffnungsteil im Gottesdienst hilft uns, den Alltag hinter uns zu lassen und uns auf die kommende Feier zu konzentrieren. Wir kommen zusammen, werden ruhig und machen uns bereit, um gemeinsam zu feiern.

Wenn sich die Gemeinde in der Kirche versammelt, kommt jeder aus einer anderen Straße, jeder hat etwas anderes erlebt. Manche haben Sorgen, andere haben gerade etwas Schönes erlebt. Wenn sich viele Menschen treffen, gibt es auch viele unterschiedliche Erwartungen. Damit ein Fest gelingt, müssen sich alle Gäste darauf einstimmen können. Was hast du erlebt, wenn du in den Gottesdienst gehst? Was geht dir durch den Kopf und mit welcher Stimmung bist du gekommen?

Wir sagen Hallo

Der Gottesdienst beginnt mit dem Läuten einer Glocke bei der Tür der Sakristei*: Beim **Einzug** geben wir Minis damit ein Signal: „Jetzt geht's los!“ Der Priester, die Minis und einige andere, die im Gottesdienst eine Aufgabe haben, ziehen ein, machen eine Kniebeuge vor dem Altar und gehen zu ihrem Platz.

Eröffnet wird der Gottesdienst durch das **Kreuzzeichen;** so stellen wir die Feier des Gottesdienstes unter das Zeichen, das uns an Gott Vater, Jesus Christus und den Heiligen Geist erinnert.

In der **Begrüßung**** heißt der Priester die Gemeinde willkommen und gibt eine kurze Einführung. Um sich ganz auf die Begegnung

*lateinisch: sacer = heilig, geweiht. Die Sakristei ist der Raum, in dem wichtige Gegenstände, die für den Gottesdienst benötigt werden, aufbewahrt werden. Dieser Raum dient auch als Vorbereitungs- und Umkleideraum.

**„Der Herr sei mit euch!“

mit Gott einlassen zu können, blicken wir zurück auf alles, was wir erlebt haben und was uns beschäftigt. Da wir im Leben auch Fehler machen und diese uns bei der Feier nicht im Weg stehen sollen, sprechen wir hier im **Bußakt*** manchmal das **Schuldbekenntnis.**

In deinem Freundeskreis gibt es vielleicht eine ganz eigene Art, wie ihr euch begrüßt. Für uns Christen ist das Kreuzzeichen das gemeinsame Erkennungsmerkmal. Deshalb steht es am Beginn und am Ende unseres Gottesdienstes. Der Priester ist der Vorsteher der Feier. Er führt durch das „Programm". So ist er also nicht der Gastgeber im eigentlichen Sinn, sondern nur der Leiter des Gottesdienstes, den die ganze Gemeinde zusammen feiert. Deshalb spricht er manche Gebete im Namen der Gemeinde. Bist du selbst schon einmal bei einer großen Feier gewesen, bei der ein Moderator durch das Programm geführt hat? Oder vielleicht im Zirkus? Welche Ähnlichkeiten zum Gottesdienst fallen dir dabei auf?

*Das Wort „Buße" kommt von „bessern". Da wir in unserem Leben nicht immer alles richtig machen, will uns Gott verzeihen. Im Gottesdienst denken wir daran und können einen neuen Anfang machen.

**griechisch: Kyrie = Herr. „Kyrie eleison" heißt übersetzt „Herr, erbarme dich".

***lateinisch: gloria = Ehre, Ruhm.

Gott ist bei uns

Im **Kyrie**** rufen wir zu Jesus Christus, den eigentlichen Gastgeber dieser Feier, und begrüßen ihn. Anschließend folgt das **Gloria*****, in dem Vater, Sohn und Heiliger

Geist geehrt werden. Nachdem wir uns so vorbereitet haben, Gott zu begegnen, schließt das **Tagesgebet** den Eröffnungsteil der Messe ab. Es ist das erste gemeinsame Gebet der Gemeinde und wird stellvertretend vom Priester gesprochen. Jetzt sind wir bereit, gemeinsam ein Fest zu feiern. *Gott ist da in der Gemeinschaft.*

Bevor in einer Fernsehshow ein Sänger auftritt, wird er vom Moderator angekündigt. Er wird mit Namen genannt und mit Applaus begrüßt. Im Eröffnungsteil begrüßen wir Gott in unserer Mitte, sobald wir als Gemeinde angekommen sind und uns „gesammelt" haben. Ähnlich wie der Promi auf die Bühne gerufen wird, rufen wir Gott im Kyrie an. Wir begrüßen ihn und loben ihn statt mit einem Applaus mit dem Lied des Gloria. „Wer singt, betet doppelt" – deshalb wird im Gottesdienst an vielen Stellen, wenn es besonders feierlich werden soll, Musik gemacht.

Und was machen wir Minis …

… beim Einzug?

Beim Einzug machen wir uns auf den Weg. Wir bereiten uns vor für das, was da jetzt kommt. Kerzen, Fahnen und Weihrauch machen die Prozession feierlich und zeigen der Gemeinde, dass der Gottesdienst beginnt. Mit der Kniebeuge, die wir Minis mit dem Priester zu Beginn machen, und auch durch den Altarkuss des Priesters drücken wir unsere Ehrfurcht vor Gott aus.

Wenn du schon einmal eine Gerichtssendung im Fernsehen angesehen hast, dann fiel dir dort sicher auf, dass alle aufstehen, wenn der Richter den Saal betritt. Aufstehen oder Stehen ist immer ein Zeichen dafür, dass man einen Menschen ganz besonders hoch schätzt.
Wann stehst du für jemanden auf im Alltag? Und an welchen Stellen stehen wir im Gottesdienst auf?

… bei den Gebeten und Liedern?

Wir Minis sind die Profis im Gottesdienst. Wir kennen den Ablauf und wissen, wann welche Gebete und Lieder drankommen. Im Gottesdienst betet nicht nur der Pfarrer, sondern die ganze Gemeinde ist aktiv beteiligt. Wir Minis unterstützen die Gemeinde dadurch, dass wir laut und deutlich mitbeten und mitsingen, egal ob beim „Gloria-Lied" oder beim gemeinsamen „Amen"* nach dem Tagesgebet. Das ist besonders dann wichtig, wenn die Gemeinde den Ablauf nicht so genau kennt, wie wir das tun, zum Beispiel bei Beerdigungen, in der Christmette, bei Hochzeiten oder Taufen.

* hebräisch: Amen = So ist es. Amen drückt die Zustimmung der Gemeinde und ihrer Glieder zu Rede, Gebet und Segen aus und wird meist zum Ende von Gebeten gemeinsam gesprochen.

Kennst du andere Ereignisse, bei denen alle mitsingen oder gemeinsam etwas rufen? Warst du schon einmal bei einem Konzert, wenn das Publikum am Schluss „Zugabe" gerufen hat? Oder in einem Stadion bei einem Fußballspiel und hast dort bei den Schlachtrufen mitgebrüllt? Oder bei einem Geburtstag, wenn alle ein Ständchen gesungen haben?
Wenn man gemeinsam singt, so hat man das Gefühl, Teil von etwas ganz Großem zu sein und zur Gemeinschaft dazuzugehören.

… beim Tagesgebet?

Der einzige Mini, der beim Tagesgebet etwas zu tun hat, ist der, der dem Pfarrer das kleine Messbuch hinhält. Dieser Mini hat sogar einen eigenen Namen, man nennt ihn „Libroferar"*. Diese Aufgabe ist besonders wichtig, damit der Pfarrer seine Hände frei hat. Denn

* lateinisch: Das Wort bedeutet „Buchträger" – das sagt doch schon alles.

wie dir sicher schon aufgefallen ist, hält der Pfarrer die Hände beim Gebet immer etwas nach oben, als ob er den Himmel berühren wollte.

Das kleine Messbuch, aus dem das Tagesgebet vorgelesen wird, ist das gleiche wie das große Buch, aus dem der Pfarrer später vom Altar aus das Hochgebet spricht.
Lass dir von deinem Mesner oder Pfarrer doch mal zeigen, wo in diesen Büchern die Tagesgebete stehen. Wie sind sie aufgebaut? Und was steht da eigentlich alles drin?

Die Eröffnung für Besserwisser

Eine Kniebeuge – Frühsport zu Beginn?

Es gibt viele Arten, jemanden zu begrüßen: Wir schütteln uns die Hände, wir nicken einander zu oder wir umarmen uns. In manchen Ländern zieht man den Hut voreinander, man verbeugt sich höflich oder macht – wie es früher einmal war – einen Knicks.
Beim Einzug begrüßen wir mit dem Priester Gott in unserer Mitte. Im Gottesdienst gibt es den Brauch,

eine Kniebeuge oder eine Verbeugung zu machen. Vielleicht hast du auch schon einmal gesehen, dass der Priester zu Beginn den Altar küsst.
Die Kniebeuge ist also kein Sport, sondern ein Zeichen der Begrüßung, des Respekts. Außerdem zeigt sie, dass wir Minis im Dienst Gottes stehen:
Hast du im Film schon einmal gesehen, wie jemand zum Ritter geschlagen wird? Auch bei den Rittern wurde eine tiefe Kniebeuge gemacht. Damit zeigte der Ritter: Ich stelle mich in den Dienst meines Königs.

Die Verneigung oder Kniebeuge vor Gott machen wir an einem Ort, der ein Zeichen für Gott und seine Gegenwart ist. Deshalb begrüßt der Pfarrer den Altar häufig auch mit einem Kuss, denn der Altar ist dann ein Zeichen, dass Gott in der Kirche bei uns ist. Meistens machen wir Minis die Kniebeuge vor dem Tabernakel*.

* lateinisch: tabernaculum = kleine Hütte, Zelt. Vielleicht hast du schon einmal das Wort Taverne gehört. In Italien heißen so die Wirtshäuser oder Gasthäuser. Früher wurden die Hostien, die nach der Kommunion übrig blieben, in einem Tuch aufbewahrt, später dann in einem kleinen Zelt, das dem Tabernakel seinen Namen gab.

Griechisch für Fortgeschrittene: Was heißt denn eigentlich „Kyrie eleison"?

Im Gottesdienst werden nicht nur lateinische Worte verwendet. Zur Zeit Jesu war Griechisch die Weltsprache, so wie wir heute mit Englisch fast auf der ganzen Welt zurechtkommen. Der Ruf „Kyrie eleison“ – „Herr,

erbarme dich" – ist ein Ruf zur Begrüßung. Am Anfang des Gottesdienstes begrüßen wir damit unseren Gastgeber, Jesus Christus.

Im Altertum rief man „Kyrie eleison", wenn der Herrscher, also der Kaiser, am Hof auftrat. Wir Christen übernahmen diesen Brauch im Gottesdienst. Damit sagen wir: Jesus Christus ist unser Herrscher, ihm vertrauen wir uns an.
Erbarmen mit jemandem haben klingt für uns heute so, als müsste uns jemand leidtun. Eigentlich meint „erbarmen" aber, ein Herz für die Armen haben. Wenn wir das Kyrie beten, denken wir daran, dass Gott ein Herz für uns Menschen hat. Obwohl Gott größer ist als alles, was wir uns vorstellen können, sorgt er sich um jeden Einzelnen von uns.

Sehr geehrter Herr Gott: Das Gloria

„Gloria in excelsis deo“ – „Ehre sei Gott in der Höhe“, so beginnt ein uralter Text, der schon seit Jahrhunderten im Gottesdienst gebetet oder gesungen wird. Der Text beginnt übrigens mit den Worten der Engel, die den Hirten auf dem Feld von der Geburt Jesu berichtet haben. Nachlesen kannst du dies im Lukasevangelium in Kapitel 2, Vers 14. So wie bei der Geburt Jesu alles begann, beginnt auch unser Gottesdienst. Das Gloria ist meistens ein sehr feierliches Lied, denn es erzählt davon, dass durch Jesu Leben sich Himmel und Erde verbunden haben und Gott als Mensch auf unsere Welt kam.

Das Gloria wird an allen Sonntagen und Feiertagen gebetet oder gesungen. Nur im Advent und in der Fastenzeit entfällt dieser Hymnus, um an Weihnachten und Ostern dafür umso feierlicher wieder gesungen zu werden.

Hast du schon einmal eine Siegerehrung im Fernsehen gesehen? Oder warst du schon einmal auf dem Sportplatz, als die Medaillen verliehen wurden? War es feierlich? Und was könnte das Gloria im Gottesdienst feierlicher machen?

Der Wortgottesdienst

Wir hören, was Gott uns sagt

Geschichten, die unsere Geschichte verändert haben

Nachdem sich die Gemeinde versammelt und sich auf die gemeinsame Feier vorbereitet hat, steht in diesem Teil des Gottesdienstes die Bibel als das wichtigste Buch der Christen im Mittelpunkt. Im Wortgottesdienst hören wir Texte aus dem Alten und dem Neuen Testament. Teilweise sind diese Geschichten schon tausende Jahre alt. Schon die Menschen damals haben erfahren: Gott ist bei uns und begleitet uns in unserem Leben. Diese Erlebnisse und Erfahrungen haben sie aufgeschrieben.

Manchmal erleben wir Dinge, die unser Leben verändern. Vielleicht hast du in einem Ferienlager neue Freunde kennen gelernt. Oder du musstest mit deiner Familie schon mal in eine neue Stadt ziehen. Diese Erlebnisse prägen dich auf eine ganz bestimmte Weise. Was uns heute wichtig ist, was wir denken und glauben, hängt von dem ab, welche Erfahrungen wir bisher gemacht haben. Das heißt: Wärst du nie mit ins Ferienlager gegangen, hättest du genau diese neuen Freunde vielleicht nie kennen gelernt. Solche Ereignisse passieren jedoch nicht nur dir allein. Viele Erfahrungen prägen auch eine ganze Gemeinschaft, eine ganze Stadt, ein ganzes Land.

Erlebnisse und Erfahrungen, die besonders wichtig sind, werden aufgeschrieben, damit man sie nie wieder vergisst. Heute gibt es Geschichtsbücher, Berichte, Erzählungen, alte Dokumente, die uns von dem erzählen, was früher einmal passiert ist. Schon vor über 3000 Jahren schrieben die Menschen ihre Erlebnisse auf. Zum einen wollten sie damit festhalten, was ihnen wichtig war, und zum anderen wollten sie ihre Erlebnisse an ihre Nachfahren weitergeben.

Hast du schon einmal in einem Tagebuch aufgeschrieben, was dir an einem Tag wichtig war?

Wir hören, was Menschen früher mit Gott erlebt haben

Für jeden Tag gibt es mehrere Abschnitte aus der Bibel, die vorgelesen werden. In der Regel beginnt der Wortgottesdienst mit der **Lesung** aus dem Alten Testament. Während der Lektor* oder die Lektorin den Text vorliest, sitzen wir.

Mit dem **Psalm****, den der Kantor*** oder die Kantorin vorsingt, wird das Thema der ersten Lesung aufgegriffen.

Sonntags folgt die **zweite Lesung** aus dem Neuen Testament, aus den Briefen, die dort gesammelt wurden, und aus Erzählungen,

* lateinisch: lector = Vorleser. Der Lektor oder die Lektorin liest den Text der Lesung, die Fürbitten und manchmal auch den Antwortpsalm.

** griechisch: psalmos = Saitenspiel. Psalmen nennt man die Gedichte und Lieder der Bibel, die auch von den Juden bis heute gebetet und gesungen werden.

*** lateinisch: cantare = singen. Der Kantor oder die Kantorin singt den Antwortpsalm, den Halleluja-Ruf und weitere Lieder, bei denen die Gemeinde nur den Kehrvers singt.

die von den ersten Christen handeln, die nach dem Tod und der Auferstehung Jesu christliche Gemeinden gegründet haben.

Die Texte aus der Bibel sind sehr unterschiedlich. In der Bibel gibt es Erzählungen, Berichte von geschichtlichen Ereignissen, Gedichte, Legenden, Gleichnisse und vieles mehr. Jeder Text will etwas anderes aussagen. Auch heute gibt es verschiedene Arten von Texten: Tagebücher, in denen man seine persönlichen Gedanken aufschreibt, Zeitungsartikel, die informieren wollen, Flugblätter, die dazu aufrufen, etwas zu tun. Welche Textarten kennst du? Wie ist das im Gottesdienst? Was wollten die Menschen uns in den Texten der Bibel mitteilen?

Gott schickt uns seinen Sohn

Der **Halleluja-Ruf*** bereitet uns auf das Evangelium vor. Das **Evangelium**** ist die wichtigste Lesung des Wortgottesdienstes. Deshalb wird das Evangeliar*** mit den Leuchtern in einer feierlichen Prozession zum Ambo gebracht, während das Halleluja gesungen wird.
Der Priester oder der Diakon lesen eine Erzählung aus dem Leben Jesu vor. Die Leuchter sind dabei ein Symbol für Jesus, der gesagt hat: „Ich bin das Licht der Welt."
Gott ist da in seinem Wort.

Deine Großeltern haben dir bestimmt schon einmal eine Geschichte von früher erzählt, als sie noch klein waren. Wenn du eine spannende Geschichte hörst, wird das, was erzählt wird, für dich lebendig. Du kannst dir gut vorstellen, wie es damals war. Die Geschichten, die Oma und Opa dir erzählen, werden „gegenwärtig": Beim Zuhören hast du das Gefühl, selbst dabei zu sein.
Im Evangelium wird aus dem Leben Jesu erzählt: Von seiner Geburt, von seinen Wundern, von seinen Gleichnissen und allem, was er seinen Jüngern gesagt hat, bis zu seiner Verurteilung, seinem Tod und seiner Auferstehung. Jeden Sonntag erfährst du ein bisschen mehr von ihm. Welche Geschichten von Jesus kennst du? Was meinst du, wie haben Jesus und seine Jünger gelebt?

* hebräisch: hallelu-ja = lobt Gott. In der Fastenzeit wird das Halleluja nicht gesungen. Das Halleluja erklingt erst wieder in der Osternacht, wenn wir daran denken, dass Jesus von den Toten auferstanden ist, damit die Feier dann um so fröhlicher und feierlicher ist.

** griechisch: eu-angelion = Frohe Botschaft. Evangelium nennen wir die Bücher der vier Evangelisten, Matthäus, Markus, Lukas und Johannes.

*** Evangeliar nennt man das Buch, das die Texte der vier Evangelien enthält.

Was haben die alten Geschichten heute noch mit uns zu tun?

An Sonntagen und Feiertagen werden in der **Predigt*** die Texte aus den Lesungen bzw. das Evangelium aufgegriffen. Die Bibel ist zwar „brandaktuell“, aber sie wurde vor sehr langer Zeit geschrieben. Deshalb ist die Predigt eine Art „Übersetzung“ in unsere heutige Sprache und in unsere Zeit. Sie macht uns deutlich, dass Gott durch seinen Sohn Jesus in unsere Welt gekommen ist und dass damit das Reich Gottes in unserer Mitte bereits begonnen hat.

* lateinisch: praedicare = öffentlich ausrufen, verkünden. Die Predigt wird manchmal auch Ansprache oder Homilie genannt (von dem griechischen Wort homilia = Unterhaltung, Unterredung).

In der Predigt versucht der Priester – manchmal auch der Diakon* – zu zeigen, was das Evangelium mit uns heute zu tun hat. Was Jesus damals getan und gesagt hat, ist für uns heute noch wichtig: Das Gleichnis vom barmherzigen Samariter, das Jesus seinen Jüngern erzählt hat, ist auch heute noch ein Beispiel der Nächstenliebe für uns. Die fünf Brote und zwei Fische, von denen 5.000 Menschen satt wurden, die mit Jesus gegessen haben, sind für uns heute ein Zeichen, dass es sich lohnt, zu teilen. Welche Geschichten aus der Bibel fallen dir ein? Wo ist Jesus für dich ein Vorbild?

Beim anschließenden **Glaubensbekenntnis**, das auch „Credo"** genannt wird, handelt es sich nicht um ein Gebet, sondern um ein feierliches Bekenntnis der ganzen Gemeinde: „Davon sind wir überzeugt, das glauben wir!" Das Glaubensbekenntnis sprechen wir im Gottesdienst immer alle zusammen. Denn wir alle gehören zu dieser Gemeinschaft.

* griechisch: diakonos = Diener. Wie der Priester wird auch der Diakon vom Bischof durch die Weihe zu einem Dienst beauftragt. Ein Diakon kann auch verheiratet sein.

** lateinisch: credere = glauben. Im Credo, wie das Glaubensbekenntnis lateinisch heißt, bekennen wir Christen unseren Glauben.

Wir denken nicht nur an uns selbst

Den Abschluss des Wortgottesdienstes bilden die **Fürbitten.** Darin beten wir „für" alle Menschen – auch für die, die nicht zur Gemeinde gehören und die nicht bei uns im Gottesdienst sind.

Im Gottesdienst geht es nicht nur um die Beziehung von uns Menschen zu Gott. Im Gottesdienst geht es auch immer darum, unsere Mitmenschen nicht aus dem Blick zu verlieren. Das drücken wir vor allem in den Fürbitten aus: Wir bitten für andere Menschen, für die Welt, für Menschen, die arm sind oder denen es nicht so gut geht wie uns. An wen möchtest du im Gottesdienst denken?

Und was machen wir Minis …

… beim Evangelium?

Vor dem Evangelium werden wir Minis aktiv. Um deutlich zu machen, dass das Evangelium der wichtigste Teil des Wortgottesdienstes ist, wird es aus einem besonderen Buch, dem Evangeliar, vorgelesen. Wir Minis begleiten den Priester oder Diakon bei der Prozession mit dem Evangeliar zum Ambo. Zur Prozession tragen

wir die Leuchter und stellen uns beim Evangelium mit ihnen neben den Priester. Die brennenden Kerzen sind ein Symbol für Jesus Christus. Er hat selbst gesagt: „Ich bin das Licht der Welt.“ In manchen Kirchen wird das Buch nach dem Evangelium an einen besonderen Ort oder auf den Altar gelegt. Damit soll gesagt werden: Das Wort Gottes ist bei uns, wenn wir Gottesdienst feiern.

Licht ist ein wichtiges Symbol. Licht hilft uns, zu sehen und Dinge zu erkennen. Licht gibt Wärme und kann ein Signal für etwas Wichtiges sein. In der Dunkelheit hilft das Licht einer Kerze oder einer Lampe, um wieder den Durchblick zu bekommen. Warst du schon einmal im Theater? Im Theater gibt es den „Spot“. Das ist ein Scheinwerfer, der auf der Bühne immer dorthin leuchtet, wo gerade die Hauptdarsteller auftreten. So weiß das Publikum: Hier passiert etwas Wichtiges. Wenn wir mit den Leuchtern am Ambo stehen, ist das genau so: Was Jesus uns im Evangelium sagt, ist der Höhepunkt. Hier sollen wir konzentriert bei der Sache sein.

… wenn wir im Wortgottesdienst zuhören?

Aufmerksam zuhören kann man am besten im Sitzen, da können wir uns besser auf das konzentrieren, was vorgelesen wird. Beim Sitzen werden wir ruhig und sind nicht abgelenkt. Zum Evangelium stehen wir wieder auf. Wenn uns vom Lebensweg Jesu erzählt wird, weisen wir durch das Stehen darauf hin, dass wir bereit sind, diesen Weg mitzugehen und dass jetzt etwas Wichtiges gesagt wird. Wir zeigen unseren Respekt, weil Jesus im Evangelium – wie damals zu seinen Jüngern – heute zu uns spricht.

Stell dir einmal vor, du müsstest in der Schule den ganzen Tag stehen. Du könntest deinem Lehrer oder deiner Lehrerin gar nicht konzentriert zuhören, weil dir irgendwann die Beine wehtäten. Beim Sitzen dagegen ist man entspannt und kann sich ganz auf das konzentrieren, was man hört.
Wenn man lange zuhört, kann man sich natürlich nicht alles merken. Manchmal schweifen die Gedanken ab. Ein paar Sätze bleiben aber immer im Gedächtnis. Was hast du dir vom letzten Gottesdienst gemerkt? Welchen Satz fandest du besonders wichtig?

Der Wortgottesdienst für Besserwisser:

Im Mittelpunkt: Der Ambo

* griechisch: anabainein = hinaufsteigen. Der Ambo steht an einer erhöhten Stelle in der Kirche, von der aus der Lektor oder der Pfarrer aus der Bibel vorliest.

Beim Wortgottesdienst steht der Ambo* im Mittelpunkt. An einem Platz, den alle gut sehen können, wird aus der Bibel vorgelesen. Dies ist ein besonderer Ort, denn hier hören wir Gottes Wort.
Du hast bestimmt schon einmal erlebt, wie Schauspieler auf der Bühne stehen oder wie jemand einen Vortrag an einem Rednerpult hält. Alle Zuschauer wissen dann: Hier wird etwas Wichtiges gesagt.
Früher wurden die Lesungen und das Evangelium meistens von Lesepulten aus gelesen und auf der Kanzel gepredigt. In alten Kirchen kannst du noch eine Kanzel finden: Sie sieht aus wie ein kleiner Balkon. Das Dach über der Kanzel dient übrigens dazu, dass man den Prediger besser hören

konnte – so wie wenn du die Hände als Trichter an den Mund hältst, wenn du jemandem etwas zurufen willst. Schließlich hatte man früher kein Mikrofon, und die Gemeinde sollte trotzdem verstehen, was der Pfarrer in der Predigt zu sagen hatte.
Wenn wir heute Gottesdienst feiern, ist der Ambo gleich wichtig wie der Altar. Man nennt ihn heute auch „Tisch des Wortes", während der Altar der „Tisch des Brotes" ist. Meistens sind heute Ambo und Altar aus gleichem Material oder sind ähnlich gestaltet. Damit wird klar: Wort und Brot gehören zusammen. Gott ist nicht nur in der Kommunion in Wein und Brot bei uns, sondern auch, wenn wir sein Wort hören und gemeinsam darüber nachdenken.

„Aus dem heiligen Evangelium nach …" Vier Menschen berichten von Jesus

Woher wissen wir eigentlich so viel aus dem Leben Jesu? Nachdem Jesus gestorben und auferstanden ist, wollten seine Freunde von dem erzählen, was sie mit Jesus erlebt hatten und was ihnen in ihrem Leben wichtig geworden war.

Die vier Evangelisten (Matthäus, Markus, Lukas und Johannes) haben Berichte und Texte gesammelt, die von den Worten und Taten Jesu erzählen, und diese in eine geordnete Form gebracht. Teilweise hatten sie die gleichen „Berichterstatter", daher gibt es in den Evangelien viele Stellen, die fast gleich sind. Allerdings hatte jeder Evangelist andere Menschen im Kopf, für die er die „Frohe Botschaft" aufschreiben wollte. Matthäus zum Beispiel schrieb für die Christen, die zuerst Juden waren und in Israel wohnten. Markus hingegen schrieb seinen Text so, dass auch Menschen ihn verstehen konnten, die sich in der jüdischen Religion nicht so gut auskannten. Vielleicht hat Markus sein Evangelium sogar in Rom geschrieben – damals war das so etwas wie die Welthauptstadt.

Es gab noch mehr Menschen, die Geschichten aus dem Leben Jesu niedergeschrieben haben. Im Laufe der Jahrhunderte hat man sich in der Kirche aber auf die bekannten vier Bücher geeinigt, da man den Autoren vertraute, dass sie ihre Aufzeichnungen gründlich und ohne Fälschungen und Übertreibungen gemacht hatten.
Wie heißt deine Lieblingsgeschichte im Evangelium? Gibt es davon auch ähnliche Berichte von anderen Autoren?

Die Bibel, ein Bestseller

Die Bibel ist das berühmteste Buch der Welt. Kein anderes Buch ist so weit verbreitet und in so viele Sprachen übersetzt. Die gesamte Bibel kann man heute in 429 Sprachen lesen, ausgewählte Teile aus der Bibel sind sogar schon in über 2400 Sprachen übersetzt worden.

Die Bibel ist auch eines der ältesten Bücher, die heute noch gelesen werden. Die Anfänge ihrer Entstehung gehen bis in das Jahr 1000 vor Christus zurück. Etwa im Jahr 250 nach Christus hat man aufgehört, Berichte und Erzählungen für die Bibel zu sammeln, und man hat sich auf die Texte geeinigt, die wir heute kennen.
Die Sprachen der Bibel sind Hebräisch (vor allem im Alten Testament) und Griechisch (das war zur Zeit Jesu die meistverbreitete Sprache). Ab dem 4. Jahrhundert wurde die Bibel ins Lateinische übersetzt. Zu den ersten, die die Bibel ins Deutsche übersetzt haben, gehörte übrigens der Reformator Martin Luther (geboren 1483, gestorben 1546). Seine Übersetzung wird heute noch im evangelischen Gottesdienst verwendet. Luther lebte in der Zeit, als der Buchdruck gerade erfunden wurde. Da man die Bibelübersetzungen jetzt nicht mehr von Hand abschreiben musste, sondern wesentlich einfacher drucken konnte, begann in dieser Zeit die schnelle Verbreitung der Bibel auf der ganzen Welt.
Die Bibel wurde nicht von einem Autor geschrieben und sie ist natürlich nicht einfach so vom Himmel gefallen. In der Bibel haben viele Menschen über Generationen hinweg aufgeschrieben, was sie mit Gott erlebt haben.
In der Bibel gibt es viele verschiedene Textarten: Geschichten und Gedichte, offizielle Berichte und Stammbäume, Gebote und Gesetzestexte, Fabeln und Märchen, Weisheiten und Erzählungen.
Für die Juden – also auch für Jesus selbst – war die Bibel die Richtlinie für das alltägliche Leben: Man richtete sein Leben danach aus, was im Alten Testament von Mose und den Propheten überliefert wurde, und betete die Psalmen.

Für uns Christen ist das Neue Testament der Beginn einer neuen Zeit: Es erzählt davon, wie Jesus mit uns Menschen gelebt und uns gezeigt hat, dass Gott es gut mit uns meint.

Die Eucharistiefeier

Ein gemeinsames Festessen

Was passiert in der Eucharistiefeier?

Der zweite Hauptteil der Messe ist die Eucharistiefeier*. In der Eucharistiefeier feiern wir ein gemeinsames Festmahl. Dieses Mahl feiern wir, wie es Jesus Christus mit seinen Jüngern gefeiert hat, bevor er gefangen genommen und gekreuzigt wurde. Was damals vor 2000 Jahren passiert ist, ist für uns so wichtig, dass wir immer wieder daran denken.
In jeder Eucharistiefeier feiern wir das letzte Abendmahl Jesu. Es soll uns daran erinnern, dass Jesus sein Leben für uns eingesetzt hat. Wir glauben, dass er an Ostern von den Toten auferstanden ist. Deshalb müssen wir keine Angst mehr vor dem Tod haben. Wenn das kein Grund zum Feiern ist!

Bestimmt kennst du wichtige Ereignisse, die man jedes Jahr feiert: Geburtstage, Hochzeitstage, Jubiläen, Feiertage in der Gemeinde. Für alle Feiern gibt es Traditionen**, die etwas mit diesem Tag zu tun haben. Traditionen sind Bräuche, die zu einem Fest dazugehören und die immer wieder so wiederholt werden: Am Geburtstag gibt es den Lieblingskuchen, am

* griechisch: eucharistein = Dank sagen. Mit „Eucharistiefeier" ist der zweite große Hauptteil der Messe gemeint. Manchmal nennt man auch die ganze Messfeier „Eucharistiefeier".

** lateinisch: tradere = übergeben, überliefern. Traditionen sind Bräuche, die wir von unseren Vorfahren übernommen haben und weitertragen. Tradition bedeutet auch, das weiterzugeben, an was wir glauben und was auch in Zukunft wichtig für uns Menschen ist.

Todestag der Großeltern geht man auf den Friedhof, an Silvester knallen die Raketen.
Für jedes Fest gibt es einen Anlass. Meistens erinnert man sich an etwas, das früher einmal stattgefunden hat. Wenn man feiert, hat man den Wunsch, dass es auch in Zukunft noch einen Grund zu feiern gibt. Einmal im Jahr feiern wir zum Beispiel Geburtstag: Wir sind geboren worden und freuen uns heute darüber. Natürlich wollen wir, dass wir auch in Zukunft noch viele Geburtstage feiern können.
Wie ist das im Gottesdienst? Was gibt es da für dich und uns zu feiern?

Das Festessen wird vorbereitet

* lateinisch: adolere = verbrennen. Bei den Griechen und den Römern wurden auf Altären Brandopfer dargebracht. Altäre waren große Steinplatten, die im Tempel oder auf einem Hügel standen. In unseren Kirchen ist der Altar der Mittelpunkt der Eucharistiefeier und der Tisch für die gemeinsame Mahlfeier

** lateinisch: colligere = sammeln. Kollekte nennt man die Spenden der Gemeindemitglieder für arme Menschen oder kirchliche Projekte.

Bei der **Gabenbereitung** wird das Festmahl vorbereitet. Brot und Wein werden von der Gemeinde zum Altar* gebracht. Brot und Wein stehen für Essen und Trinken – für das, was den Menschen am Leben hält.
Auch in der **Kollekte**** gibt es „Gaben“ in Form von Geldspenden der Gottesdienstbesucher: Genauso wichtig wie die Vorbereitung der Eucharistiefeier ist es, für Menschen zu sorgen, die arm sind oder denen es schlecht geht.
Die Gabenbereitung wird durch das **Gabengebet** des Priesters abgeschlossen.

Brot und Wein stehen für das, was auf der Erde wächst, und für das, was wir Menschen daraus machen dürfen. Damit wir Brot essen können, müssen viele Menschen arbeiten: die Bäuerin, die das Getreide sät und es später erntet, der Müller, der das Mehl mahlt, die Bäckerin, die daraus das Brot backt, und der Verkäufer in dem Laden, in dem wir das Brot kaufen. Wer ist eigentlich dafür zuständig, dass das Getreide wächst? Der Bauer kann zwar säen, düngen und das Feld gießen. Das Getreide aber wächst von alleine.
Das Brot und der Wein im Gottesdienst sind also Zeichen dafür, dass wir nur leben, weil Gott uns die Erde geschenkt hat und weil wir uns für diese Erde einsetzen. Die Schöpfung ist ein Geschenk an uns, aber wir haben

auch die wichtige Aufgabe, auf sie zu achten und verantwortungsvoll in ihr zu leben.
Bei der Gabenbereitung bringen wir nicht nur Brot und Wein, sondern auch unser Leben vor Gott: Wir sind da, um zu feiern. Überlege einmal, was in deinem Leben dir von Gott geschenkt wurde und wo du selbst etwas erreicht hast, weil du dich dafür angestrengt hast. Oft hängen beide Dinge ganz eng zusammen.

Da wandelt sich was

* lateinisch: praefatio = Eingangswort, Vorgebet

** lateinisch: sanctus = heilig. Das Sanctus gehört zu den ältesten und wichtigsten Liedern im Gottesdienst. Du kannst es am Wort „heilig" oder „sanctus" im Liedtext erkennen

Wenn die Gaben, Brot und Wein, vorbereitet sind, folgt ein großes Gebet: Im **Hochgebet** betet der Priester mit der Gemeinde am Altar. Eingeleitet wird dieses Gebet mit einem Dialog zwischen dem Priester und der Gemeinde, dem ein Dankgebet, die **Präfation***, folgt Um zu verdeutlichen, dass sich am Altar etwas Wichtiges abspielt, knien wir uns nach dem **Sanctus**** hin, bis das Hochgebet gesprochen ist.

Im Gebet wird an das erinnert, was die Menschen zu allen Zeiten mit Gott erlebt haben. Wir bitten Gott darum, dass er auch in Zukunft mit seinem Geist bei uns ist. Mitten im Hochgebet wird vom letzten Abendmahl berichtet. Mit den Worten, die Jesus damals selbst gesprochen hat, werden die Gaben (Brot und Wein) „gewandelt". Bei der **Wandlung** erhalten sie eine neue Bedeutung und werden für uns „Leib“ und „Blut“, wie Jesus selbst gesagt hat: „Das ist mein Leib, der für euch hingegeben wird. – Dies ist mein Blut, das für euch und für alle vergossen wird.“

Natürlich wird im Gottesdienst nicht gezaubert. Brot und Wein sehen auch nach der Wandlung aus wie Brot und Wein und schmecken so. Warum sagt man dann, dass sich Brot und Wein „wandeln"? Wandlung im Gottesdienst heißt, dass Brot und Wein für uns etwas Besonderes werden, weil wir glauben, dass Jesus Christus darin ganz bei uns ist. So machen wir uns auch noch einmal Jesu Tod und Auferstehung bewusst.
Auch im Alltag gibt es Dinge, die sich „wandeln", weil sie eine neue Bedeutung erhalten und damit etwas „anderes" werden. Vielleicht hast du früher mal ein Kuscheltier geschenkt bekommen. Diesem Kuscheltier hast du einen Namen gegeben und es war für dich mehr als Stoff und Watte. Das Kuscheltier war etwas Besonderes, weil es für dich etwas ganz Bestimmtes bedeutet hat, das durch nichts anderes ersetzt werden konnte. Es durfte nachts in deinem Bett schlafen und war immer dabei, wenn du in Urlaub gefahren bist. Auch wenn die Kuscheltiere im Regal des Spielzeugladens genauso aussahen wie deines, war deines kein gewöhnliches Kuscheltier.
Manche Dinge wandeln sich dadurch, dass man an etwas Besonderes denkt, wenn man sie sieht. Häufig erinnern uns solche Dinge an Menschen, mit denen wir etwas erlebt haben. Fallen dir noch andere Gegenstände und Dinge ein, die für dich etwas Außergewöhnliches sind, weil sie dich an etwas erinnern?

* lateinisch: hostia = Schlachtopfer, Opfertier. In der Kommunion ist Jesus Christus bei uns, der sein Leben für uns geopfert hat.

** lateinisch: agnus dei = Lamm Gottes. Beim jüdischen Passahfest wurden als Erinnerung an den Auszug aus Ägypten Lämmer geschlachtet. Jesus wurde am Passahfest gekreuzigt. Durch seinen Tod haben die ersten Christen dieses Fest ganz neu verstehen können.

*** lateinisch: communio = Gemeinschaft. Als Kommunion bezeichnen wir Christen die Gemeinschaft unter uns Gläubigen und das Brot nach der Wandlung.

Warum essen wir im Gottesdienst eigentlich keine Pizza?

Nach dem Hochgebet beten wir zusammen das **Vaterunser.** Dies ist das Gebet, das Jesus seinen Jüngern beigebracht hat und das alle Christen verbindet.
Wenn man gemeinsam isst, verträgt man sich miteinander. Im **Friedensgruß** zeigen wir, dass wir gut und friedlich miteinander umgehen wollen.
Wie beim Mahl von Jesus mit seinen Freunden teilt der Priester in der **Brotbrechung** die Hostie*. Das Brot wird geteilt, damit alle im Gottesdienst an der Kommunion teilnehmen können. Wir Christen glauben, dass Jesus selbst das Brot mit uns teilt und dass er in diesem Teilen ganz nah bei uns ist. Dazu wird das **Agnus Dei**** gebetet. Dieses Gebet vom „Lamm Gottes" geht auf einen alten Brauch zurück: Ursprünglich wurden im Tempel Lämmer geopfert. Jesus hat uns ganz neu gezeigt, was es heißt, für Menschen da zu sein und sich so für sie zu „opfern". Daran denken wir an dieser Stelle.
Danach folgt die **Kommunion*****. Wenn wir gemeinsam essen, wie Jesus es mit seinen Jüngern getan hat, zeigen wir, dass wir zu dieser Gemeinschaft gehören, bei der Gott ganz für uns da ist.

Essen ist für uns Menschen mehr als nur Nahrung aufzunehmen. Immer wenn es was zu feiern gibt, darf auch das Essen nicht fehlen. Keine Gartenparty ohne etwas Leckeres vom Grill, keine Hochzeit ohne ein feines Menü. Verschiedene Dinge tragen dazu bei, dass ein normales Essen ein Festessen wird. Einige davon kommen auch im Gottesdienst vor: Kerzen, Blumen, Musik, schönes Geschirr und vor allem viele Gäste.

Was passiert mit den übrigen Hostien?

Nach der Kommunion wird der Altar wieder abgeräumt. Die übrig gebliebenen Hostien werden im Tabernakel aufbewahrt. Wenn jemand sehr krank ist und nicht zum Gottesdienst kommen kann, bringt ihm ein Kommunionhelfer oder der Pfarrer die „Krankenkommunion“ aus dem Tabernakel.
Zum Ende der Eucharistiefeier folgt manchmal ein Danklied, bevor das **Schlussgebet** die Eucharistiefeier abschließt.

Kommunion ist mehr als nur Essen. Mit Kommunion ist vor allem auch die „Gemeinschaft“ gemeint. Wenn deine Familie sich zum gemeinsamen Essen zusammensetzt, ist das etwas anderes, als wenn jeder für sich isst. Wir gehören zusammen. In der Kommunion zeigen wir, dass wir zueinander und zu Gott gehören. Man nennt deshalb sogar die Kirche „Communio“ oder „Leib Christi“, denn Jesus selbst hat gesagt: „Das ist mein Leib für euch.“ Die Gemeinschaft im Gottesdienst beschränkt sich also nicht nur auf die versammelten Menschen, denn *Gott ist da in Brot und Wein.*

Und was machen wir Minis ...

... bei der Gabenbereitung?

Die Gabenbereitung war schon immer die wichtigste Aufgabe der Minis im Gottesdienst. In den frühen christlichen Gemeinden halfen die Akolythen* dem Bischof bei der Vorbereitung des Mahles und trugen die Gaben der Gemeinde zusammen. Damals steuerten alle Gäste etwas zum gemeinsamen Mahl bei.
Heute bringen die Minis für die Gemeinde die Gaben zum Altar. Brot und Wein, sind Zeichen für das, was die Gottesdienstbesucher mitbringen.

* griechisch: akolythus = Begleiter. Ursprünglich war das Amt des Akolyths eine Vorstufe zur Diakonenweihe.

Um zu zeigen, dass Brot und Wein aus der Gemeinde heraus kommen, werden sie von uns Minis in einer Prozession nach vorne gebracht.

Bei der Gabenbereitung ist es wie beim Decken eines Tisches: Zuerst wird das Geschirr gebracht (Kelch, Schale und als Serviette das Kelchtuch), dann Brot und Wein, und bevor das Essen beginnt, werden noch die Hände gewaschen.

Wenn du mit deinen Eltern in ein Restaurant gehst, wirst du bedient. Beobachte einmal, wie dort gearbeitet wird. Eine Bedienung im Restaurant muss sehr genau Bescheid wissen. Sie hat eine wichtige und anspruchsvolle Aufgabe, auch wenn sie meist ganz unauffällig im Hintergrund arbeitet. Die Bedienung fragt nach deinen Wünschen und sorgt dafür, dass alles bereitsteht. Eine gute Bedienung muss sich in ihrem Restaurant auskennen, sie muss alle Gäste im Blick haben, sie muss schnell reagieren können, wenn etwas fehlt. Ein guter Gastgeber und eine gute Bedienung sind auch dafür verantwortlich, dass sich alle wohlfühlen und rundum versorgt sind. Wir Minis sind bei der Gabenbereitung auch „Diener"*, denn wir bereiten das Festmahl vor und übernehmen diese Aufgabe im Auftrag der Gemeinde. Hast du Ideen, wie wir Minis diese Aufgabe besonders gut machen können?

* lateinisch: ministrare = dienen. Diener sind wichtige Persönlichkeiten. Von „ministrare" leitet sich zum Beispiel auch das Wort „Minister" ab, ein „Staatsdiener" also.

Bei der Gabenbereitung unterstützt du den Priester. Um jemanden zu unterstützen, musst du wissen, was von dir gebraucht wird. Hast du schon einmal darauf geachtet, was am Altar passiert? Wenn du dem Priester Kelch und Schale gebracht hast, breitet er ein kleines Tuch als Tischdecke aus. Der Priester spricht leise ein Gebet, während er die Schale mit den Hostien in den Händen hält.

Anschließend gießt er den Wein in den Kelch und mischt dazu ein paar Tropfen Wasser. Auch den Kelch hält er einen Moment in den Händen und spricht ein stilles Gebet.

Bevor er mit dem Gabengebet fortfährt, wäscht er sich die Hände. Dazu gießen wir Minis ihm etwas Wasser über die Hände und reichen ihm ein Tuch zum Abtrocknen.

Auch wenn die Gabenbereitung überall gleich aufgebaut ist, gibt es in jeder Pfarrei kleine Unterschiede. In manchen Gemeinden ist es üblich, dass man beim Herbeibringen der Gaben eine Verneigung vor dem Altar macht. In anderen Gemeinden werden die Gaben auch von Erwachsenen gebracht.

In einigen Pfarreien legt die Gemeinde vor dem Gottesdienst selbst ihre Hostien in die Schale, die im Eingangsbereich der Kirche aufgestellt ist. Diese Schale bringen dann die Minis bei der Gabenbereitung nach vorne.
Um zu sehen, wie bei dir in der Kirche die Gaben vorbereitet werden, lass es dir einmal von deinem Obermini oder deinem Pfarrer zeigen.

… bei der Kollekte?

Während der Gabenbereitung findet auch die Kollekte statt. Ursprünglich gab es im Gottesdienst eine Gabenprozession der ganzen Gemeinde, bei der jeder seine Gaben (Nahrungsmittel) zum Altar brachte. Die zusammengetragenen Spenden teilte man dann auf: Manches wurde für die Mahlfeier verwendet, anderes an Bedürftige verteilt.
Wir Minis sammeln während der Gabenbereitung mit den Kollektekörbchen die Spenden der Gemeinde ein und bringen sie nach vorne zum Altar. Die „Gaben" der

Gemeinde zeigen, dass es uns im Gottesdienst nicht nur um uns geht. Wir denken auch an die Menschen, die nicht in unserem Gottesdienst dabei sind und die unsere Hilfe brauchen.

Auch zu einer Feier bringt jeder etwas mit: Salat, Brot, Sachen zum Grillen, Kuchen. Jeder trägt dazu bei, dass das Fest gelingt. Heute werden Brot und Wein im Gottesdienst schon bereitgestellt. Wir Minis sind dafür zuständig, die Geldspenden der Gemeinde in Empfang zu nehmen. Mit der Kollekte helfen wir Menschen, deren Kühlschrank nicht so voll ist wie unserer. Es werden Projekte unterstützt oder Dinge bezahlt, die für das Gemeindeleben wichtig sind.

… wenn wir beim Hochgebet knien?

Beim Hochgebet, nach dem Heilig-Lied, knien wir Minis. Vor Gott zu knien bedeutet nicht, dass wir nichts wert sind, sondern es ist vielmehr ein Ausdruck dafür, dass das, was am Altar geschieht, für uns sehr wichtig ist. Durch die kniende Haltung nehmen wir uns zurück, machen uns klein und lenken die Aufmerksamkeit auf den Altar. Wenn wir Minis vor dem Altar knien, machen wir der Gemeinde deutlich, dass ein besonders wichtiger Zeitpunkt im Gottesdienst gekommen ist.

Auch in anderen Religionen kniet man sich hin, um auf die Größe Gottes hinzuweisen. Hast du schon mal gesehen, wie Moslems zum Beten auf

ihren Teppichen in Richtung Mekka knien und sich verneigen?
Vielleicht hast du auch schon einmal einen Film angeschaut, in dem jemand einen Heiratsantrag gemacht hat und sich mit einer Rose vor seine Angebetete gekniet hat. Was könnte das bedeuten? Wer sich hinkniet, will damit sagen: „Jetzt geht's nicht mehr um mich, sondern um dich und das, was du für mich bist."

… bei der Wandlung?

Bei der Wandlung im Hochgebet erinnern wir uns an das letzte Abendmahl. In jeder Eucharistiefeier wiederholt der Priester bei der Wandlung die gleichen Sätze, die Jesus am Abend vor seinem Tod gesprochen hat, als er mit seinen Jüngern zusammen aß. Weil dies ein wichtiger Höhepunkt im Gottesdienst ist, geben wir Minis mit einem Gong oder den Schellen ein Signal, und es läutet eine Glocke im Kirchturm.

„Denn am Abend …“ ist die Einleitung in die Nacherzählung des Letzten Abendmahls. Der Priester spricht mit den Worten Jesu ein Gebet über das Brot, dann über den Kelch mit Wein. Dabei hält er nacheinander die Schale und den Kelch hoch und zeigt sie der Gemeinde.

Vielleicht warst du schon mal bei einem festlichen Essen dabei, zum Beispiel bei einer Hochzeit oder einem Geburtstag. Bevor das Buffet eröffnet wird und man anfängt zu essen, hält manchmal der Gastgeber oder die Gastgeberin eine feierliche Rede. In dieser Rede wird daran erinnert, warum man sich versammelt hat und was es zu feiern gibt. Damit niemand diesen Augenblick verpasst und alle aufmerksam zuhören, wird mit dem Besteck gegen ein Glas geschlagen. Das ist das Signal: Eine Rede! Jetzt wird aufmerksam zugehört.
Wir Minis machen mit Schellen oder Glocken auf diesen wichtigen Augenblick aufmerksam. Allerdings gibt es in jeder Gemeinde unterschiedliche Gewohnheiten, wann geläutet wird: Manchmal wird die Wandlung „eingeläutet“, in anderen Gemeinden läuten die Minis, sobald der Priester die Schale und den Kelch hochhält. In manchen Gemeinden läuten die Minis einmal mit einem Gong, in anderen Gemeinden klingeln sie dreimal mit Schellen.
Wie wird bei dir geläutet?

… bei der Kommunion?

Kommunion heißt Gemeinschaft. Deshalb essen wir das geteilte Brot auch gemeinsam und nicht jeder für sich. Das Letzte Abendmahl feierte Jesus mit seinen Jüngern – und auch bei uns ist die Eucharistiefeier ein Fest der ganzen Gemeinde. Wir Minis machen dies deutlich, indem wir uns zum Beispiel um den Altar herum stellen. Besonders deutlich wird diese Gemeinschaft, wenn wir Minis den Friedensgruß an die Gemeinde weitergeben.

Oft essen wir im Alltag ganz hektisch. Wir stehen unter Zeitdruck und haben eine Menge zu tun: Hausaufgaben, Flötenunterricht, Tennis oder Fußball am Nachmittag. Ein richtiger Höhepunkt wird ein gemeinsames Essen, wenn wir uns Zeit für diesen Augenblick nehmen. Wie ist das bei dir zu Hause? Natürlich ist es wichtig, dass das Essen schmeckt. Was gehört für dich noch dazu, dass euer gemeinsames Essen Spaß macht?

… bei der Kelchreinigung?

So wie vor der Eucharistiefeier der „Tisch“ gedeckt wurde, werden bei der Purifikation* alle Gefäße nach der Kommunion auch wieder sauber gemacht – ähnlich wie bei dir daheim das Geschirr nach dem Essen gespült wird. Dazu bringen wir Minis dem Priester Wasser, damit er den Kelch reinigen kann. Mit diesem Wasser schwenkt er den Kelch aus und trinkt ihn leer. Anschließend tragen wir Kelch und Schale vom Altar zu einem kleinen Tisch, dem Kredenztisch**.

* lateinisch: purificare = reinigen, sauber machen.

** lateinisch: credentia = Glaubwürdigkeit. Auf dem Kredenztisch werden Dinge bereitgestellt, die im Gottesdienst gebraucht werden. Das, was auf dem Tisch steht, ist „glaubwürdig“, es ist „in Ordnung“.

Wie schon bei der Gabenbereitung ist es wichtig, dass du weißt, wie du den Priester bei der Purifikation unterstützen kannst. Wann braucht er Wasser? Welche Gegenstände kannst du aufräumen?

Die Eucharistiefeier für Besserwisser

Hokuspokus ... oder was?

Hast du gewusst, dass der Ausdruck „Hokuspokus“ aus dem Gottesdienst stammt? Im Mittelalter wurden Gottesdienste immer in lateinischer Sprache gefeiert. Der Priester betete auf Latein, während die Gemeinde eigentlich nichts von dem verstand, was gesagt wurde. Außerdem konnte die Gemeinde wenig sehen, da der Altarraum durch eine Wand abgetrennt war und der Priester der Gemeinde den Rücken zuwandte. Bei der Wandlung wurde es spannend: Die Ministranten klingelten mit Glocke, Gong oder Schellen und der Priester hob die Schale und den Kelch in die Höhe. Das schien alles sehr mysteriös zu sein. Wurde da etwa gezaubert?
Aus den lateinischen Worten „Hoc est corpus meum“ – auf Deutsch: „Dies ist mein Leib“ –, die der Priester vor sich hin murmelte, wurde „Hokuspokus“. Diesen Begriff kennen wir heute als „Zauberspruch“ bei Kartentricks oder wenn ein Kaninchen aus dem Zylinder gezogen wird.

Wach geklingelt

Dass wir Minis bei der Wandlung läuten, hatte früher einen ganz praktischen Grund. Bis ins letzte Jahrhundert war der Altarraum vom Rest der Kirche meistens durch ein Gitter oder eine Wand getrennt. Der Altarraum war heiliger Boden: Hier durften in der Messe nur Kleriker* und Ministranten mitfeiern. Die Gemeinde nahm im Kirchenraum Platz. Man konnte nicht genau sehen, was am Altar passierte. Außerdem sprachen die Gemeindemitglieder meist kein Latein und verstanden nicht, welche Gebete der Priester sprach. Häufig war es so, dass die Gemeinde während der Messe Andachten aus dem Gebetbuch lasen. Damit niemand die Wandlung verpasste, war es die Aufgabe der Ministranten, mit einer Glocke auf diesen Zeitpunkt aufmerksam zu machen.

* griechisch: kleros = das Los. Kleriker sind Menschen mit besonderen Aufgaben. In der Kirche bezeichnet man als Kleriker alle geweihten Geistlichen, also Priester und Diakone.

Wie war das eigentlich damals ...?

Wie war das eigentlich damals beim Letzten Abendmahl? Wie hat Jesus mit seinen Jüngern das Mahl gefeiert?
Die Worte, die der Priester bei der Wandlung betet, hat Jesus ziemlich sicher selbst gesprochen. Aufgeschrieben wurden diese Worte von den Evangelisten in der Bibel. Lies doch einmal selbst nach, wie das Ereignis ablief, an das wir heute in jedem Gottesdienst denken.
Du findest den Text...

...im Matthäusevangelium, Kapitel 26, in den Versen 20 bis 26,
...im Markusevangelium, Kapitel 14, in den Versen 17 bis 25 oder
...im Lukasevangelium, Kapitel 22, in den Versen 14 bis 23.

Vielleicht war das Letzte Abendmahl das Festessen zum jüdischen Paschafest* (beim genauen Datum waren sich die Evangelisten nicht ganz einig). Egal, ob das Letzte Abendmahl am Passahfest selbst oder kurz vor dem großen jüdischen Fest stattfand: Jesus feierte mit seinen Jüngern ganz nach der jüdischen Tradition – mit Gebeten über Brot und Wein.

* hebräisch: pessach oder pascha (pas-cha) = vorüberschreiten, verschonen. Das jüdische Passahfest erinnert an die Befreiung aus Ägypten. Was damals geschah, kannst du in der Bibel nachlesen: Im Buch Exodus erzählt das Kapitel 12 vom Auszug der Israeliten aus Ägypten, wo sie als Sklaven arbeiten mussten. Auch Jesus feierte als gläubiger Jude dieses Fest.

Ein schweres Opfer?

Opferlamm, Opfergabe, Lamm Gottes – seltsame Begriffe im Gottesdienst, oder? Selbst das Wort „Hostie“ heißt übersetzt „Schlachtopfer“. Wenn wir heute „Opfer“ hören, denken wir sofort an Katastrophen, Verbrechen oder Ungerechtigkeit. Ein Opfer ist jemand, der unter etwas zu leiden hat, für das er nichts kann.

Im Gottesdienst und in der Bibel wird Jesus selbst als „Opferlamm“ dargestellt. Im Judentum wurden zur Zeit Jesu im Tempel Lämmer, Tauben und andere Tiere geopfert. Die Opfertiere waren ein Symbol: Menschen brachten Opfer dar, um mit etwas abzuschließen. Mit dem Opfertier legten die Menschen ihre Fehler und Sünden auf den Altar. Oder sie bringen mit dem Opfer ihre Dankbarkeit gegenüber Gott zum Ausdruck.

Wenn wir heute ein Opfer bringen, meint das meistens, dass wir auf etwas verzichten. Im Gottesdienst hat Opfer aber eine andere Bedeutung: Dadurch, dass Jesus sich selbst „geopfert“ hat, hat er uns alles abgenommen, was uns belastet, was wir falsch gemacht haben und was uns vom Guten trennt. Dieses „Opfer“ ist sein Geschenk für uns Menschen. Das Vergangene ist abgeschlossen und durch Jesu Sterben und seine Auferstehung hat sich unser Leben verändert: Es ist neu geworden und hat sich gewandelt.

Im Gottesdienst gibt es viele Möglichkeiten, einen neuen Anfang zu machen. Zum Beispiel beim Friedensgruß – dort können wir es selbst in die Hand nehmen, mit unseren Freunden neu zu beginnen und alte Streitereien ruhen zu lassen.

Am Altar

Mittelpunkt der Eucharistiefeier ist der Altar. Während der Wortgottesdienst am Ambo (am „Tisch des Wortes“) gefeiert wurde, dreht sich im zweiten Hauptteil des Gottesdienstes alles um den „Tisch des Brotes“ – den Altar.
Altäre gibt es in allen Religionen und bei allen Völkern. Der Altar ist ein besonderer Platz. Er steht erhöht und ist für alle gut sichtbar.
In vergangenen Zeiten wurden auf Altären Brandopfer dargebracht, wie zum Beispiel bei den Griechen oder den Römern. Die Altäre waren meist Gottheiten geweiht.
Auch in unseren Kirchen ist der Altar der Mittelpunkt. Dorthin bringen wir unsere Gaben, und weil wir ein gemeinsames Mahl halten, ist der Altar ein großer Tisch, an dem wir gemeinsam feiern und essen. Altäre können unterschiedlich aussehen: Manche sind aus Stein, andere aus Holz, manche sind ganz schlicht, andere kunstvoll gestaltet.

Wusstest du, dass in Altären Reliquien eingemauert sind? Reliquien sind „Überreste" von Heiligen – kleine Gegenstände aus ihrem Besitz oder sogar Knochen. Die Reliquien im Altar stammen manchmal vom Schutzpatron der Kirche, manchmal von anderen Heiligen, die mit diesem Ort etwas zu tun haben. Bestimmt kann dir dein Pfarrer erzählen, welche Reliquien es bei dir in der Kirche gibt.

Der Schlussteil

Gott ist bei uns

Der Gottesdienst hört nicht mit dem Amen auf

Wie wir mit dem Eröffnungsteil gemeinsam begonnen haben, so beenden wir den Gottesdienst mit dem Schlussteil. Wir finden einen Abschluss für das, was wir gefeiert haben, und machen uns wieder bereit für den Alltag. Was wir im Gottesdienst erlebt haben, hat uns verändert, und wir sollen diese Erfahrung weitertragen: in die Familie, in die Schule, in den Freundeskreis. Die Entlassung ist also nicht ein Ende, sondern der Anfang: Hier beginnt unser Leben mit Gott wieder von Neuem.

Von einem tollen Urlaub kann man noch wochenlang zehren. Wir erinnern uns an das, was wir erlebt haben und gehen wieder mit neuer Kraft an unsere alltäglichen Aufgaben. In unserem Leben brauchen wir „Highlights", sonst wäre der Alltag langweilig und unerträglich.
In einer Freundschaft denkst du doch auch dann an den anderen, wenn ihr euch nicht jeden Tag sehen könnt. Du denkst zurück an den letzten Nachmittag, den ihr gemeinsam verbracht habt, und freust dich auf das Wiedersehen.
Was war das Tollste, was du in der letzten Woche erlebt hast? An welche Erlebnisse denkst du oft zurück? Was gibt dir den nötigen Schwung, um über einen schlechten Tag hinwegzukommen?

Wir sind mit einem Auftrag in die Welt geschickt

Vor dem Segen nehmen die **Vermeldungen** die Veranstaltungen der Pfarrgemeinde in den Gottesdienst mit auf. Gottesdienst ist nicht alles – in den Vermeldungen wird kurz von den Aktionen erzählt, die außerdem im Leben der Gemeinde stattfinden.
Anschließend spricht der Priester den **Segen:** Wie der Gottesdienst mit einem Kreuzzeichen angefangen hat, so hört er auch wieder auf.
„Gehet hin in Frieden!“, spricht der Priester, woraufhin die Gemeinde antwortet: „Dank sei Gott dem Herrn!“ Dieser **Entlassruf** lädt uns ein, den Frieden Gottes mit in die Welt zu nehmen. Denn Gottesdienst ist immer dann, wenn wir mit Gott zu leben versuchen.
Gott ist da, wo Gottesdienst weitergeht.

Der Priester zieht nach seinem Altarkuss und einer gemeinsamen Kniebeuge mit den Minis zurück in die Sakristei. Mit dem **Auszug** endet die gemeinsame Feier des Gottesdienstes, und wir gehen gestärkt hinaus in unseren Alltag.

Wenn wir von einer Geburtstagsfeier oder einem anderen Fest nach Hause kommen, erzählen wir begeistert davon. Genauso sollen wir auch weitersagen, was uns im Gottesdienst begeistert hat. Gottesdienst hört nicht mit dem „Amen" auf, sondern geht danach in unserem Alltag weiter. Auch im Alltag versuchen wir als Christen, uns nach einem Streit wieder zu versöhnen, ehrlich zu sein oder zu helfen, wo unsere Hilfe gebraucht wird. Was von dem, das du im Gottesdienst gehört oder erlebt hast, ist dir im Gedächtnis geblieben? Weißt du noch, um was es im Evangelium ging? Vielleicht gibt es ja etwas, auf das du in der nächsten Woche besonders achten willst.

Und was machen wir Minis …

… beim Auszug?

Hat der Priester den Entlassruf gesprochen, gehen wir Minis geordnet – nach einer Kniebeuge – mit ihm zurück in die Sakristei. Damit wissen alle, dass die Messfeier vorbei ist. In der Sakristei gibt es unterschiedliche

Bräuche, wie die Minis und der Pfarrer den Dienst am Altar abschließen: durch eine Verbeugung vor dem Kreuz oder durch den Spruch: „Gelobt sei Jesus Christus in Ewigkeit. Amen."

Wenn du nach dem Gottesdienst das Gewand ausziehst, beendest du deinen Dienst am Altar. Mini bleibst du natürlich trotzdem. Als Mini bist du mehr als nur Messdiener. Wir Minis setzen uns ein in der Gemeinde, in Gruppenstunden, Ferienlagern oder bei der Sternsingeraktion. Was wir im Gottesdienst feiern, ist uns auch dann wichtig, wenn wir nicht in der Kirche am Altar stehen. Mini zu sein prägt uns jeden Tag. Der Dienst als Mini ist also nicht an feste Arbeitszeiten gebunden.

Der Schlussteil für Besserwisser

Eine Messe hat nichts mit „messen" zu tun

Weißt du, woher das Wort „Messe" eigentlich kommt? Dass wir heute „Mess-Diener" sind, hängt mit dem lateinischen Ruf zur Entlassung im Gottesdienst zusammen. Heute sagt der Priester: „Gehet hin in Frieden!" Früher, als man den Gottesdienst noch in lateinischer Sprache gefeiert hat, hieß der Text: „Ite, missa est!" – „Geht, es ist Aussendung!" oder „Geht, ihr seid gesandt!".

Gottesdienst hat also mit Aussendung zu tun: So wie Jesus seine Jünger in alle Welt geschickt hat, um den Menschen vom Reich Gottes zu berichten, so werden auch wir am Ende des Gottesdienstes in die Welt gesandt. Gottesdienst hört nicht an der Kirchentür auf. Als Minis stehen wir auch im Alltag für unseren Glauben ein, dass Gott bei uns ist und wir in seinem Namen Gutes tun.

Das Wort „Missa“ war schon im Mittelalter ein feststehender Begriff: An Feiertagen von Heiligen gab es auf dem Kirchplatz einen Jahrmarkt oder einen großen Markt für Händler und Handwerker. Deshalb sagen wir auch heute „Messe“ zu großen Ausstellungen oder Kongressen.

Viel Glück und viel Segen …

Das Wort „Segen“ kommt vom lateinischen Wort „signare“ = „bezeichnen“ oder „mit dem Kreuzzeichen besiegeln“. Wenn der Priester uns im Gottesdienst segnet, heißt das, dass wir zu Gott gehören.
Das lateinische Wort für „segnen“ heißt „benedicere“ = „etwas Gutes zusagen“ und macht deutlich, was segnen meint: Wenn jemand gesegnet wird, spricht man ihm etwas Gutes zu. Man wünscht ihm Glück und spricht ihm für die Zukunft die Kraft Gottes zu.
Auch die Sternsinger bringen den Segen: Sie schreiben einen Segensspruch an die Eingangstüre des Hauses und stellen dessen Bewohner unter einen besonderen Schutz.
In der Bibel gibt es viele Textstellen, die von Segen sprechen. Einer der berühmtesten Segenssprüche steht im Buch Numeri, Kapitel 6, in den Versen 24–26. Vielleicht hast du diesen Segen auch schon einmal im Gottesdienst gehört. Schlag ihn doch mal nach – findest du ihn?

Kreuzzeichen

So wie der Gottesdienst anfängt, wird er auch beendet: mit dem Kreuzzeichen. Das Kreuz ist ein Zeichen, dass wir zu Jesus Christus gehören. Wir erinnern uns daran, dass Jesus gekreuzigt wurde und am Kreuz gestorben ist. Wir Christen glauben daran, dass mit seinem Tod nicht alles vorbei war, sondern dass er auferstanden ist und bei uns ist, wenn wir Gottesdienst feiern.

Hast du schon einmal darauf geachtet, wo das Kreuz in deiner Kirche zu sehen ist? Besonders in alten Kirchen findet man überall dieses Zeichen: an den Wänden, auf dem Umschlag von Büchern, beim Taufbecken, am Beichtstuhl. Auch außerhalb der Kirche findest du Kreuze: Wegkreuze an Wanderwegen, das rote Kreuz auf dem Krankenwagen, Kreuze auf dem Friedhof, als Anhänger oder als Gipfelkreuz auf dem Berg.
Das Kreuz gehört als Zeichen zu unserer Kultur dazu. Es steht dafür, dass Jesus für uns am Kreuz gestorben ist. Und zugleich erinnert es uns daran, dass wir unter dem Segen Gottes stehen.

Was ist eigentlich ein Lausbube?

Hast du gewusst, dass Lausbuben eigentlich Ministranten sind? Früher nannte man uns Minis so, weil wir das „Laus Dei“ – das „Lob Gottes“ – gesungen und gebetet

haben. Und weil Minis schon immer besonders aufgeweckte Menschen waren, übernahm man das Wort Lausbuben, um jemanden zu beschreiben, der Streiche spielt und nur Quatsch im Kopf hat.
Gott zu loben ist eine Aufgabe, die nicht nur in der Kirche stattfindet. Mini ist man auch ohne Gewand und nicht nur am Sonntag im Gottesdienst.

Minis sind mehr als „Messdiener“

Sind wir Minis Schauspieler?

Mini-Sein ist mehr als ein Gewand zu tragen. Ein Schauspieler im Theater wird nach seinem Auftritt abgeschminkt. Er hängt sein Gewand an den Nagel und

ist nicht mehr in der Rolle, die er auf der Bühne gespielt hat. Bei uns Minis ist das anders. Mini ist man nicht nur, wenn man ein Gewand anzieht. Was wir im Gottesdienst feiern, ist kein Unterhaltungsprogramm, zu dem man am Ende sagt: Schön war's, jetzt gehen wir wieder heim. Im Gottesdienst haben wir kein Theaterstück gesehen, sondern wir haben mit Gott gefeiert, wie es für uns Menschen wichtig ist.

Wir Minis stehen zu dem, was wir im Gottesdienst erlebt haben. Christen sind wir nicht nur in der Kirche, sondern vor allem in unserem Alltag. Im Gottesdienst haben wir erlebt, dass mit Jesus eine neue Zeit auf der Erde angefangen hat. Gottes Reich hat schon begonnen. Wir haben im Wortgottesdienst gehört, dass Gott bei uns ist und uns den Auftrag gegeben hat, Verantwortung für unsere Welt zu übernehmen.
Wir Christen können dazu beitragen, dass alle Menschen glücklich und in Frieden zusammenleben können. Dabei will Gott uns helfen. Natürlich können wir nicht von heute auf morgen die ganze Welt umkrempeln, aber wir können jeden Tag dafür sorgen, die Welt ein kleines Stückchen besser zu machen.

Wie kannst du die Welt ein Stückchen besser machen? Achte im Gottesdienst einmal darauf, was Jesus uns im Evangelium sagt. Oder höre in der Kirche in dich hinein – auf deine innere Stimme. Was beschäftigt dich? Was hast du für Wünsche, für Sorgen und Pläne? Gibt es etwas, das du in der nächsten Zeit anpacken willst? Im Gottesdienst kannst du deine Gedanken mit Gott und mit den anderen teilen. So klappt es im Alltag dann auch viel leichter, Gutes zu tun und dafür Sorge zu tragen, dass es auch anderen Menschen gut geht.

Der Gottesdienst ist noch lange nicht alles

Mini ist man nicht nur in der Kirche. Und Minis sind auch schon lange keine stummen Diener mehr, die als schmückendes Beiwerk im Altarraum aufgestellt werden. Natürlich haben wir im Gottesdienst eine wichtige Aufgabe. Minis machen heute aber noch viel mehr, als in der Messe zu dienen. Wir Minis treffen uns zu Ausflügen, fahren in ein Ferienlager und unternehmen viel mit anderen Minis zusammen. In manchen Gemeinden gibt es Gruppenstunden für Minis. Jede Woche treffen wir uns dann mit unserer Mini-Gruppe, lernen etwas über unseren Dienst, spielen und basteln und unternehmen Dinge, die uns Spaß machen. Wenn wir mit allen Minis unterwegs sind, merken wir, was Gemeinschaft heißt. So wie wir als Gemeinschaft im Gottesdienst zusammen waren, so können wir als Gruppe etwas erleben. Außerdem macht es Spaß, wenn wir mit anderen Minis zusammen sind.

M

Bitte weitersagen! Wir Minis können was erzählen

Als Minis stehen wir „im Rampenlicht". Jeder weiß, dass wir Minis sind. Im Gottesdienst kann uns jeder sehen, und wir haben eine wichtige Aufgabe im Auftrag der Gemeinde. In deiner Pfarrei bist du bestimmt auch ganz schön bekannt. Man kennt dich nicht nur aus dem Gottesdienst, sondern von verschiedenen Aktionen, die wir Minis machen, zum Beispiel beim Pfarrfest oder bei anderen Festen. Auch deine Freunde wissen, dass du Mini bist – auch deine Schulfreunde, die vielleicht gar nicht in die Kirche gehen.

Bestimmt bist du schon einmal gefragt worden, warum du Mini geworden bist. Manche Leute sind sogar ganz schön verwundert, dass es für uns Minis wichtig ist, im Gottesdienst ganz vorne mit dabei zu sein. Wenn du gefragt wirst, warum du in die Kirche gehst, was antwortest du dann? Überlege einmal, was dir als Mini wichtig ist. Was macht dir Spaß als Mini – im Gottesdienst oder in der Gruppe mit anderen Minis? Was ist dir wichtig, wenn du in die Kirche gehst? Was hat dich begeistert, als du mit den anderen Minis zusammen warst? Gibt es davon etwas, das du anderen erzählen kannst?
Dass wir heute noch an Jesus denken, liegt daran, dass es schon immer Menschen gab, die begeistert davon berichtet haben, was sie mit Gott und in der Gemeinschaft der Christen erlebt haben. Natürlich wird man immer wieder jemandem begegnen, der es nicht verstehen kann, dass wir als junge Menschen in die Kirche gehen.

Das ist aber nicht schlimm. Manchmal muss man einfach etwas gemeinsam erleben, damit man verstehen kann, was den anderen begeistert. Und es braucht Leute, die ihre Erlebnisse weitersagen.

Mehr als nur fromm gucken: Wir Minis setzen uns ein

Wenn wir nur im Gottesdienst Christen wären, hätten wir einiges nicht verstanden. Jesus hat damals auch nicht nur Gottesdienst gefeiert. Er hat Gutes getan und Menschen geholfen, die in Not waren. Davon hören wir im Evangelium und werden darin bestärkt, uns einzusetzen.

Wenn wir uns für das Gute einsetzen, zeigen wir, dass wir zu Jesus gehören. Das kann im Kleinen sein, wenn wir zum Beispiel andere unterstützen, die unsere Hilfe brauchen, wenn wir

uns nach einem Streit wieder vertragen und wenn wir an Menschen denken, an die sonst niemand denkt. Es gibt aber auch gute Ideen, wie wir als Gruppe Gutes tun können. Hast du eine Idee, wie deine Ministrantengruppe sich für etwas einsetzen kann? Ein gutes Beispiel ist die Sternsingeraktion. Jedes Jahr ziehen die Sternsinger von Haus zu Haus und singen für Kinder in aller Welt, denen es nicht so gut geht wie uns. Weit über 35 Millionen Euro werden so in Deutschland jedes Jahr von Kindern und Jugendlichen gesammelt. Damit kann viel Gutes getan werden. Vielleicht fallen dir auch andere Dinge ein, wo wir Minis gemeinsam einer guten Sache dienen. Das kann der Besuch im Altersheim sein, der Spielenachmittag, den wir für Kinder in unserer Stadt vorbereiten, eine Theateraufführung für einen guten Zweck oder ein Kuchenverkauf für unsere Partnergemeinde.

Wir Minis sind die Zukunft der Gemeinde

Wir Minis sind wichtig für die Gemeinde, denn wenn wir als junge Menschen in der Kirche aktiv sind, hat unsere Gemeinschaft eine Zukunft. Wir sind ganz vorne mit dabei und kennen uns deshalb im Gottesdienst besser aus als viele Erwachsene. Darum können wir auch dafür sorgen, dass Gottesdienst auch in Zukunft noch so gefeiert wird, dass wir Christen verstehen: Hier geht es um mich und mein Leben. Wenn wir glauben, dass mit Jesus das Reich Gottes schon begonnen hat, sind wir Minis diejenigen, die auch in Zukunft noch Verantwortung für die Welt übernehmen. Was wir Menschen in allen Jahrhunderten mit Gott erlebt haben, wird

von uns in die Zukunft getragen. Das ist ein wichtiger Dienst, den wir Minis übernehmen.
Dabei sind wir nicht auf uns allein gestellt. Im deutschsprachigen Raum gibt es heute ungefähr eine halbe Million Minis. Das ist eine ganze Menge. Und in den letzten Jahren ist klar geworden: Wir Minis werden immer mehr, denn immer mehr Kinder und Jugendliche übernehmen Verantwortung im Gottesdienst und treffen sich als Mini-Gruppe, unternehmen etwas gemeinsam und werden so zu einer starken Gemeinschaft. Wir Minis können einiges bewegen. Die Freundschaft mit Gott begleitet uns dabei, nicht nur im Gottesdienst. *Denn Minis sind mehr als „Messdiener“.*

Der Gottesdienst auf einen Blick

Eröffnung

Einzug
Begrüßung
Schuldbekenntnis
Kyrie
Gloria
Tagesgebet

Wortgottesdienst

Erste Lesung
Antwortpsalm
Zweite Lesung
Halleluja
Evangelium
Predigt
Glaubensbekenntnis
Fürbitten

Eucharistiefeier

Gabenbereitung
Kollekte
Gabengebet
Hochgebet:
- Präfation
- Sanctus
- Wandlung

Vaterunser
Friedensgruß
Brotbrechen / Agnus Dei
Kommunion
Schlussgebet

Schlussteil

Vermeldungen
Segen
Entlassung
Auszug